Impressum
Verlag: BABADADA GmbH, Nedderfeld 112 , 22529 Hamburg
Geschäftsführer / Verlagsleitung: Harald Hof
Druck: Books on Demand GmbH, In de Tarpen 42, 22848 Norderstedt

Imprint
Publisher: BABADADA GmbH, Nedderfeld 112 , 22529 Hamburg, Germany
Managing Director / Publishing direction: Harald Hof
Print: Books on Demand GmbH, In de Tarpen 42, 22848 Norderstedt

mekdep
l'école

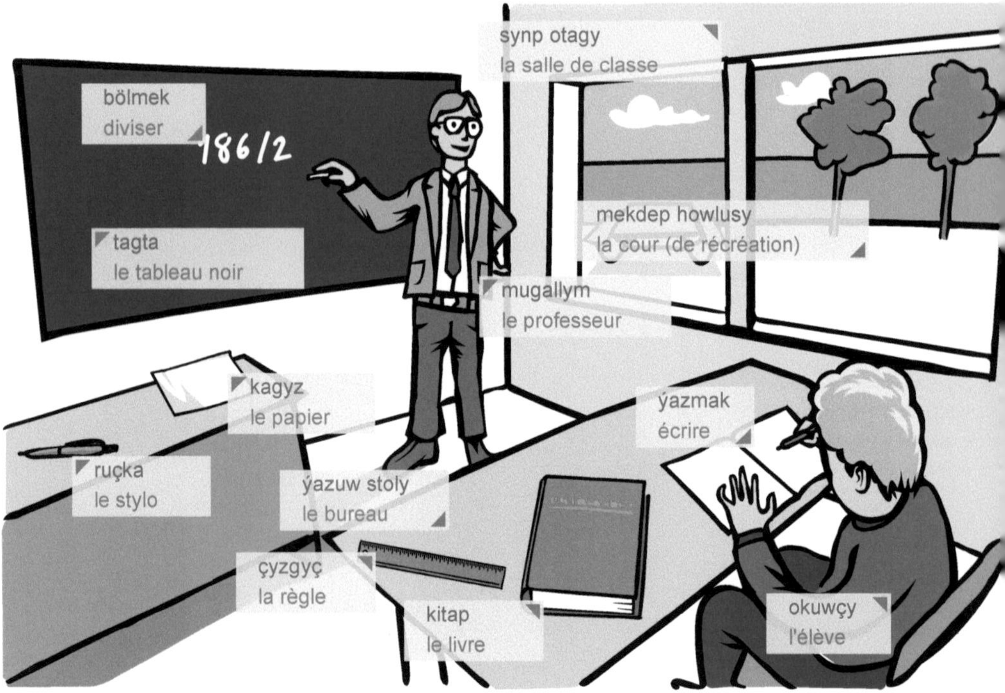
synp otagy
la salle de classe
bölmek
diviser
186/2
tagta
le tableau noir
mekdep howlusy
la cour (de récréation)
mugallym
le professeur
kagyz
le papier
ýazmak
écrire
ruçka
le stylo
ýazuw stoly
le bureau
çyzgyç
la règle
kitap
le livre
okuwçy
l'élève

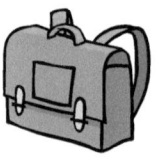

ranes

le cartable

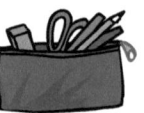

penal

la trousse

galam

le crayon

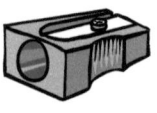

galam artylýan

le taille-crayon

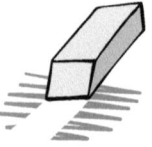

bozguç

la gomme

surat çekmek üçin albom

le carnet à dessin

surat
le dessin

çotgajyk
le pinceau

reňkli guty
la boîte de peinture

gaýçy
les ciseaux

ýelim
la colle

depder
le cahier d'exercices

öý işi
les devoirs

san
le chiffre

goşmak
additionner

aýyrmak
soustraire

köpeltmek
multiplier

hasaplamak
calculer

harp
la lettre

elipbiý
l'alphabet

söz
le mot

tekst

le texte

okamak

lire

hek

la craie

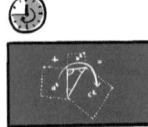

sapak

la leçon

synp dergisi

le livre de classe

synag

l'examen

diplom

le certificat

mekdep lybasy

l'uniforme scolaire

bilim

la formation

ensiklopediýa

le lexique

uniwersitet

l'université

mikroskop

le microscope

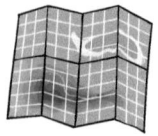

karta

la carte

kagyz üçin sebet

la corbeille à papier

syýahat
le voyage

myhmanhana
l'hôtel
Grand
syýahatçylyk bazasy
l'auberge
ROOMS
walýuta çalyşmak üçin bent
le bureau de change
CHANGE
çemedan
la valise
awtomobil
la voiture

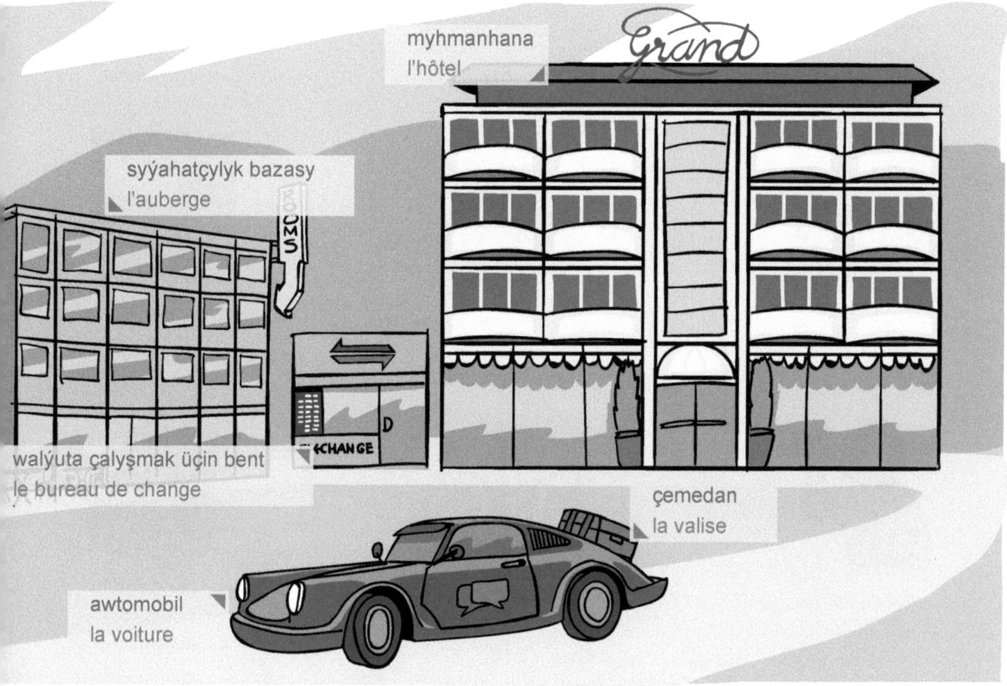

dil
la langue

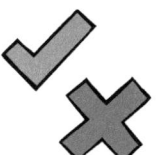

hawwa / ýok
oui / non

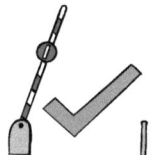

bolýa
d'accord

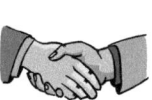

salam
Salut

terjimeçi
l'interprète

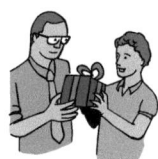

Minnetdar
merci

bahasy näçe?

Combien coûte...?

men düşünmeýärin

Je ne comprends pas

mesele

le problème

Agşamyňyz haýyr!

Bonsoir !

Ertiriňiz haýyrly!

Bonjour !

Gijäňiz rahat bolsun!

Bonne nuit !

görüşýänçäk

Au revoir

ugur

la direction

ýük

les bagages

torba

le sac

eginden asylýan torba

le sac-à-dos

myhman

l'hôte

otag

la pièce

halta ýorgan

le sac de couchage

çadyr

la tente

syýahatçylyk maglumaty

l'office de tourisme

kenarýaka

la plage

karz karty

la carte de crédit

ertirlik

le petit-déjeuner

günortanlyk

le déjeuner

agşamlyk

le dîner

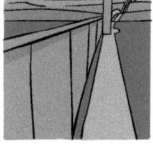

petek

le billet

lift

l'ascenseur

poçta markasy

le timbre

çäk

la frontière

gümrük

la douane

ilçihana

l'ambassade

wiza

le visa

pasport

le passeport

ulag
le transport

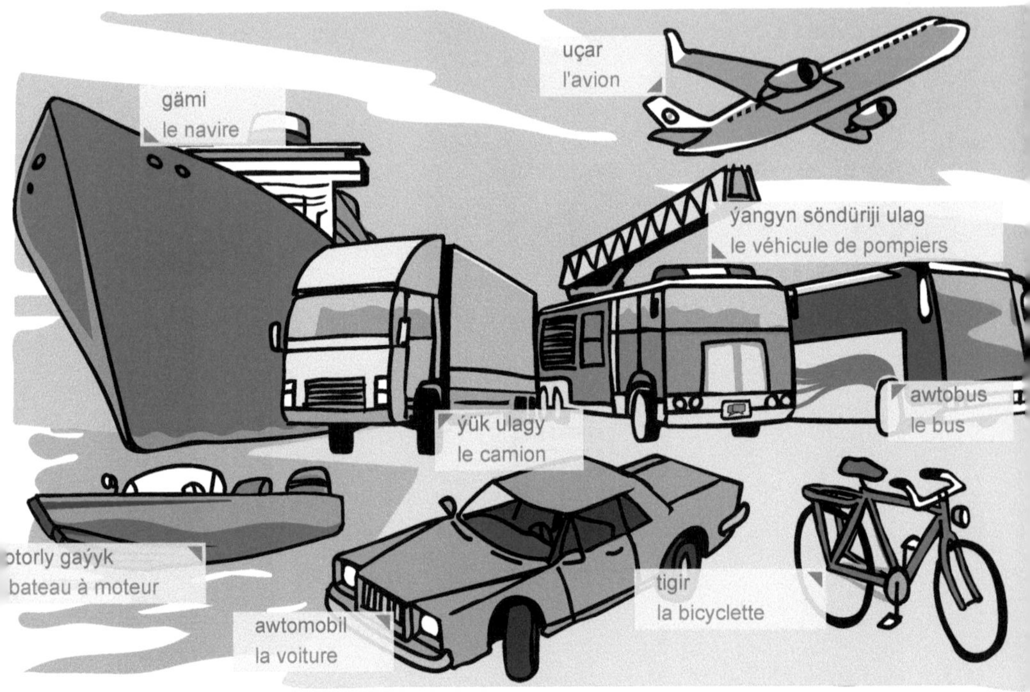

uçar
l'avion
gämi
le navire
ýangyn söndüriji ulag
le véhicule de pompiers
awtobus
le bus
ýük ulagy
le camion
otorly gaýyk
bateau à moteur
tigir
la bicyclette
awtomobil
la voiture

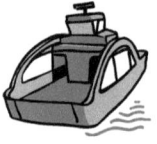

parom

le ferry

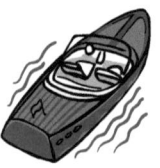

gaýyk

la barque

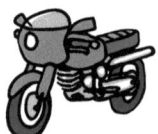

motosikl

la moto

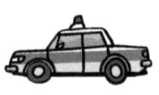

polisiýa ulagy

la voiture de police

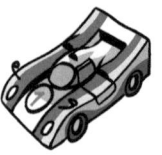

çapyşyk

la voiture de course

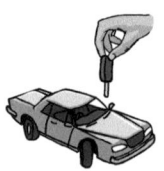

kärendä alnan ulga

la voiture de location

ulagy bilelikde ulanmak

l'auto-partage

tirkeg ulagy

la voiture de remorquage

zir-zibil daşaýan ulag

la benne à ordures

hereketlendiriji

le moteur

ýangyç

l'essence

guýma

la station d'essence

ýol belgisi

le panneau indicateur

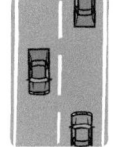

hereket

le trafic

dyky

l'embouteillage

awtoduralga

le parking

menzil

la gare

seplem

les rails

otly

le train

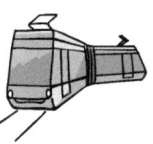

tramwaý

le tramway

wagon

le wagon

dik uçar

l'hélicoptère

howa menzili

l'aéroport

minara

la tour

ýolagçy

le passager

konteýner

le conteneur

guty

le carton

araba

le chariot

sebet

la corbeille

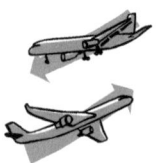

uçmak / gonmak

décoller / atterrir

şäher

la ville

oba

le village

şäher merkezi

le centre-ville

öý

la maison

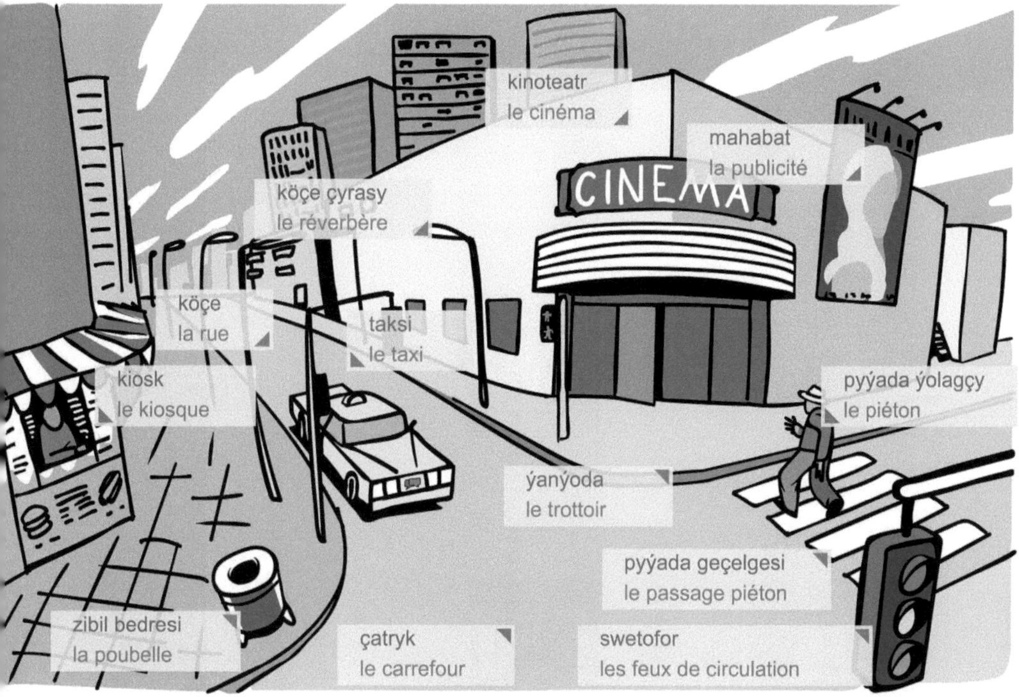

kinoteatr
le cinéma
mahabat
la publicité
CINEMA
köçe çyrasy
le réverbère
köçe
la rue
taksi
le taxi
kiosk
le kiosque
pyýada ýolagçy
le piéton
ýanýoda
le trottoir
pyýada geçelgesi
le passage piéton
zibil bedresi
la poubelle
çatryk
le carrefour
swetofor
les feux de circulation

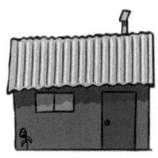

kepbe
la cabane

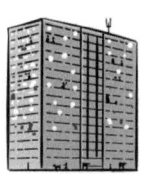

öý
l'appartement

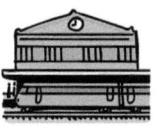

menzil
la gare

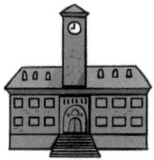

şäher häkimligi
la mairie

MUSEUM
muzeý
le musée

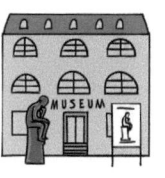

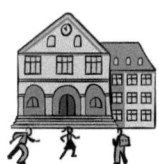

mekdep
l'école

uniwersitet

l'université

bank

la banque

hassahana

l'hôpital

myhmanhana

l'hôtel

dermanhana

la pharmacie

ofis

le bureau

kitap dükany

la librairie

dükan

le magasin

gül dükany

le fleuriste

supermarket

le supermarché

bazar

le marché

uniwermag

le grand magasin

balyk söwdagäri

la poissonnerie

söwda merkezi

le centre commercial

port

le port

park
....
le parc

oturgyç
....
la banque

köpri
....
le pont

merdiwan
....
les escaliers

metro
....
le métro

ötük
....
le tunnel

awtobus
....
l'arrêt de bus

bar
....
le bar

restoran
....
le restaurant

poçta gutusy
....
la boîte à lettres

köçäni adyny görkezýän
ýazgy
....
le panneau indicateur

parkometr
....
le parcmètre

haýwanat bagy
....
le zoo

basseýn
....
le réverbère

metjit
....
la mosquée

ferma
la ferme

daşky gurşawyň
hapalanmagy
la pollution

gonamçylyk
la cimetière

buthana
l'église

çaga meýdançasy
l'aire de jeux

ybadathana
le temple

landşaft

le paysage

ýaprak
la feuille

ýol görkeziji
le panneau indicateur

ýol
le chemin

ýaýla
le pré

daş
la pierre

agaç
l'arbre

syýahatçy
le randonneur

derýa
la rivière

ot
l'herbe

gül
la fleur

dere

la vallée

dag

la montagne

köl

le lac

tokaý

la forêt

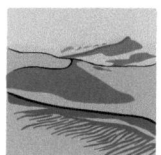

çöl

le désert

wulkan

le volcan

gulp

le château

älemgoşar

l'arc-en-ciel

kömelek

le champignon

palma agajy

le palmier

çybyn

le moustique

sinek

la mouche

garynja

les fourmis

bal arysy

l'abeille

möý

l'araignée

tomzak

le coléoptère

gurbaga

la grenouille

awusiýdik

l'écureuil

kirpi

le hérisson

towşan

le lièvre

baýguş

la chouette

guş

l'oiseau

guw

le cygne

ýekegapan

le sanglier

sugun

le cerf

los

l'élan

bent

le barrage

şemal generatory

l'éolienne

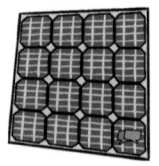

gün batareýasy

le panneau solaire

howa

le climat

restoran
le restaurant

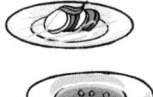

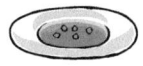

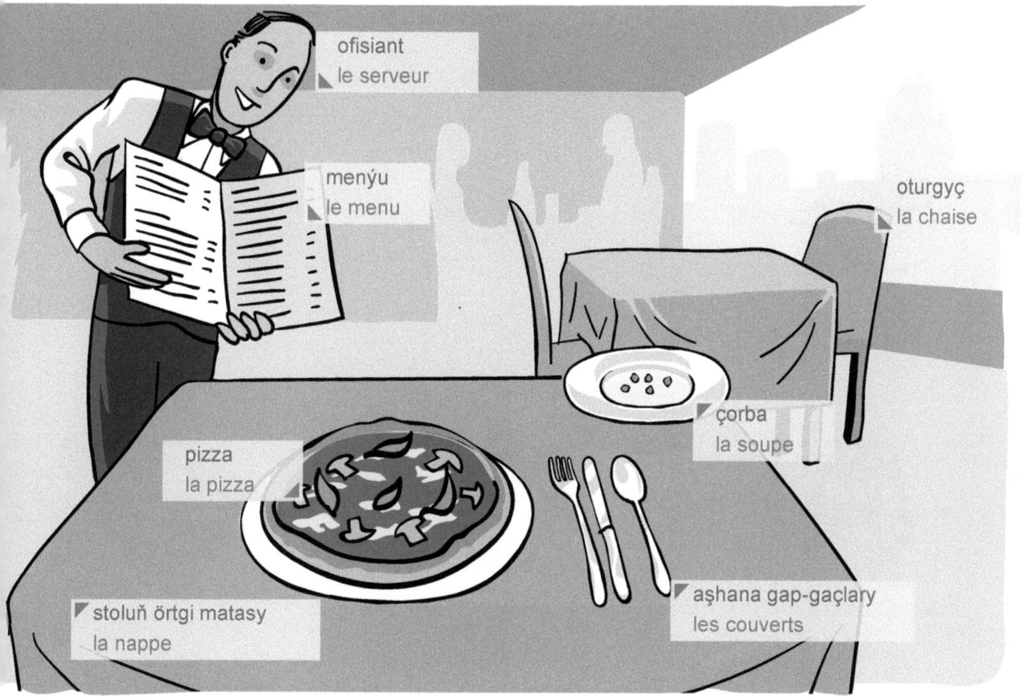
ofisiant
le serveur
menýu
le menu
oturgyç
la chaise
çorba
la soupe
pizza
la pizza
stoluň örtgi matasy
la nappe
aşhana gap-gaçlary
les couverts

garbanma
....
les hors d'œuvre

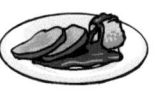

esasy tagam
....
le plat principal

süýjülik
....
le dessert

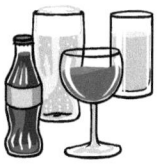

içgiler
....
les boissons

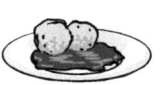

nahar
....
l'alimentation

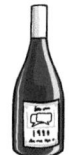

süýşe
....
la bouteille

tiz tagam

le fast-food

köçe iýmiti

les plats à emporter

çäýnek, kitir

la théière

şeker gaby

le sucrier

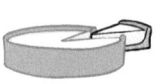

porsiýa

la portion

kofe gaýnadyjy

la machine à expresso

çaga oturgyjy

la chaise haute

hasap

la facture

mejme

le plateau

pyçak

le couteau

çarşak

la fourchette

çemçe

la cuillère

çaý çemçesi

la cuillère à thé

salfetka

la serviette

bulgur

le verre

tarelka

l'assiette

çorba tarelkasy

l'assiette à soupe

tabajyk

la soucoupe

sous

la sauce

duz gaby

la salière

burçy üweýji

le moulin à poivre

sirke

le vinaigre

ýag

l'huile

huruş

les épices

ketçup

le ketchup

gorçisa

la moutarde

maýonez

la mayonnaise

supermarket
le supermarché

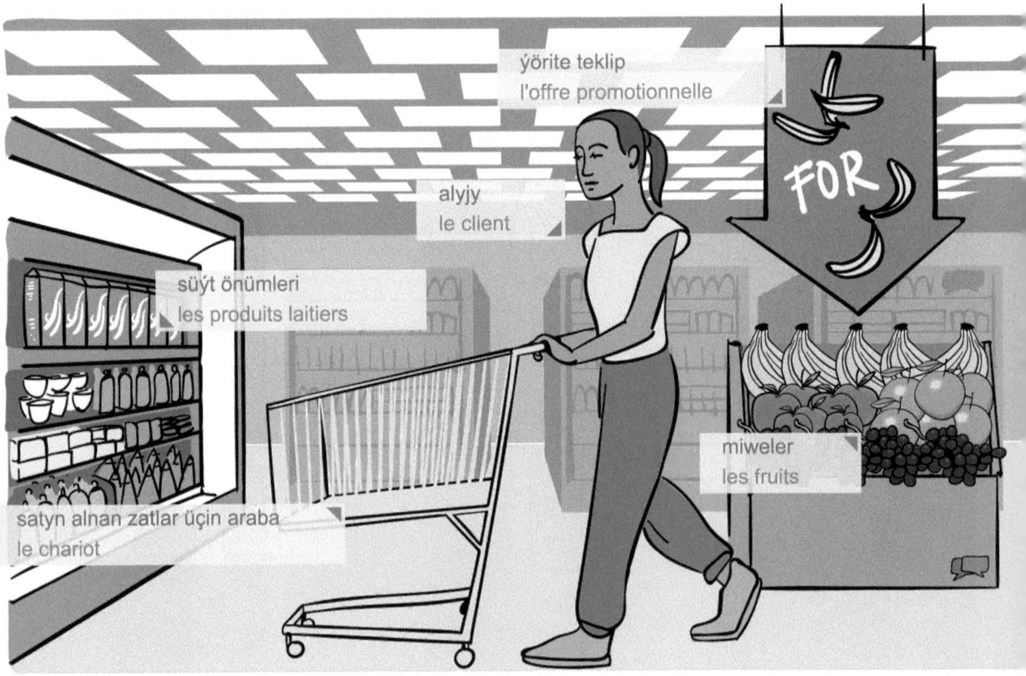

ýörite teklip
l'offre promotionnelle
FOR
alyjy
le client
süýt önümleri
les produits laitiers
miweler
les fruits
satyn alnan zatlar üçin araba
le chariot

BUTCHERS

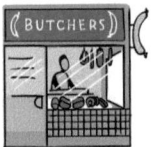

et dükany
....
la boucherie

BAKERY

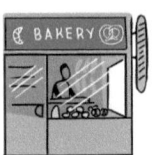

çörek kärhanasy
....
la boulangerie

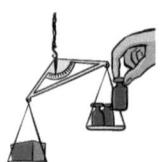

ölçemek
....
peser

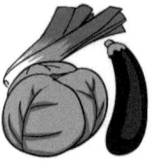

gök önümler
....
les légumes

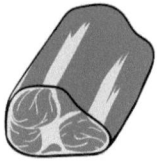

et
....
la viande

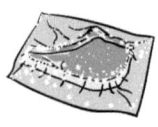

tiz doňýan önümler
....
les aliments surgelés

kesme

la charcuterie

konserwirlenen önümler

les conserves

kir ýuwujy toz

la poudre à lessive

süýjülikler

les bonbons

öýde ulanylýan zat

les articles ménagers

ýuwujy serişde

les détergents

satyjy aýal

la vendeuse

kassa

la caisse

pulhanaçy

le caissier

satyn alynmaly zatlar

la liste d'achats

iş wagty

les heures d'ouverture

gapjyk

le portefeuille

karz karty

la carte de crédit

sumka

le sac

polietilen paket

le sac en plastique

suw

l'eau

şire

le jus de fruit

süýt

le lait

koka-kola

le coca

wino

le vin

piwo

la bière

alkogol

l'alcool

kakao

le chocolat chaud

çaý

le thé

kofe

le café

espresso

l'expresso

kapuçino

le cappuccino

banan

la banane

alma

la pomme

pyrtykal

l'orange

garpyz

le melon

limon

le citron.

käşir

la carotte

sarymsak

l'ail

bambuk

le bambou

sogan

l'oignon

kömelek

le champignon

hoz

les noisettes

un aş

les pâtes

spagetti

les spaghetti

tüwi

le riz

işdäaçar

la salade

gowurylan ýer alma

les pommes frites

gowurylan ýer alma

les pommes de terre rôties

pizza

la pizza

gamburger

le hamburger

sendwiç

le sandwich

üweme

l'escalope

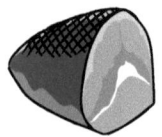

wetçina

le jambon

salýami

le salami

şöhlat

la saucisse

towuk

le poulet

gowrulyp taýýarlanýan
nahar

le rôti

balyk

le poisson

süle patragy

les flocons d'avoine

mýusli

le muesli

mekgejöwen patragy

les cornflakes

un

la farine

kruassan

le croissant

bulka

les petits-pains

çörek

le pain

tost

le pain grillé

köke

les biscuits

ýag

le beurre

dorog

le fromage blanc

pirog

le gâteau

ýumurtga

l'œuf

heýgenek

l'œuf au plat

peýnir

le fromage

doňdurma

la glace

şeker

le sucre

bal

le miel

marmelad

la confiture

nogully krem

la crème nougat

karri

le curry

ferma
la ferme

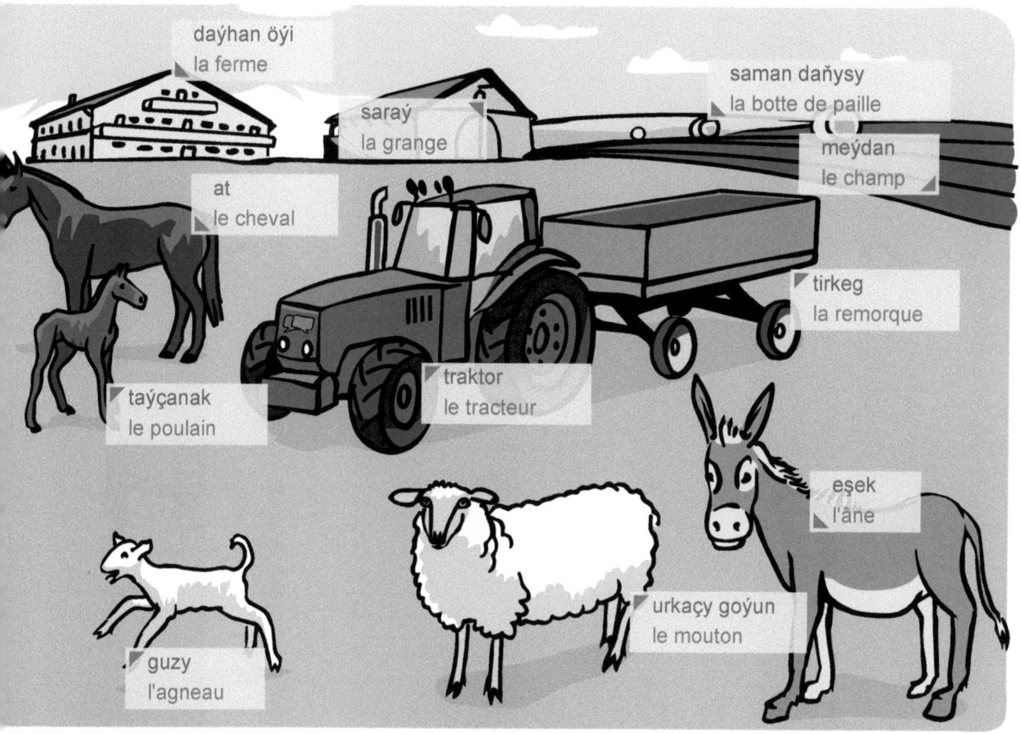

daýhan öýi
la ferme
saraý
la grange
saman daňysy
la botte de paille
meýdan
le champ
at
le cheval
tirkeg
la remorque
taýçanak
le poulain
traktor
le tracteur
eşek
l'âne
urkaçy goýun
le mouton
guzy
l'agneau

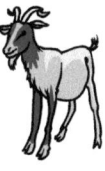

geçi
....
la chèvre

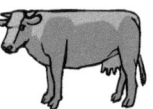

sygyr
....
la vache

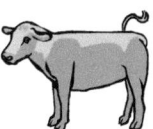

göle
....
le veau

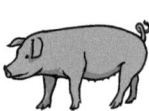

doňuz
....
le porc

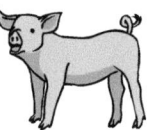

jojuk
....
le porcelet

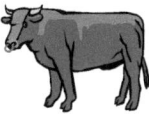

öküz
....
le taureau

gaz

l'oie

ördek

le canard

jüýje

le poussin

towuk

la poule

horaz

le coq

alaka

le rat

pişik

le chat

syçan

la souris

öküz

le bœuf

it

le chien

it ýatagy

le chenil

bag şlangy

le tuyau de jardin

guýgyç

l'arrosoir

orak

la faucheuse

azal

la charrue

orak
la faucille

kätmen
la pioche

dökün çarşagy
la fourche

palta
la hache

galtak
la brouette

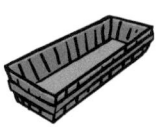

kersen
la cuve

süýt üçin tüňňür
le pot à lait

halta
le sac

haýat
la clôture

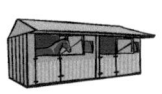

çörek
l'étable

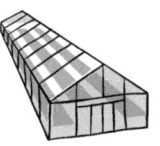

ýyladyşhana
le serre

toprak
le sol

ekin
les semences

dökün
l'engrais

kombaýn
la moissonneuse-batteuse

hasyl ýygnamak

récolter

galla

la récolte

ýams

l'igname

bugdaý

le blé

soýa

le soja

ýeralma

la pomme de terre

mekgejöwen

le maïs

raps

le colza

miwe agajy

l'arbre fruitier

manioka

le manioc

däneli ösümlikler

les céréales

öý
la maison

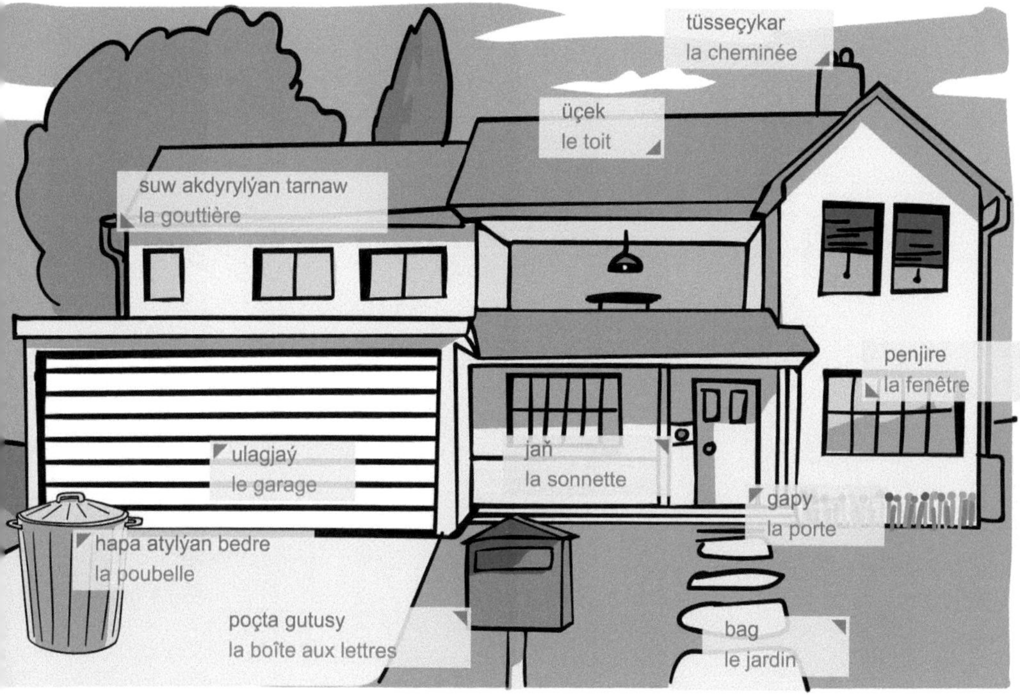

tüsseçykar
la cheminée
üçek
le toit
suw akdyrylýan tarnaw
la gouttière
penjire
la fenêtre
ulagjaý
le garage
jaň
la sonnette
gapy
la porte
hapa atylýan bedre
la poubelle
poçta gutusy
la boîte aux lettres
bag
le jardin

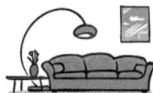

myhman otagy

le salon

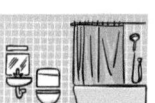

wanna otagy

la salle de bain

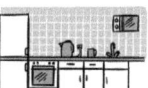

aşhana

la cuisine

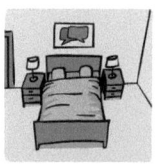

ýatalga otagy

la chambre à coucher

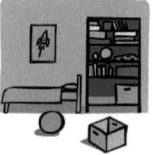

çaga otagy

la chambre d'enfant

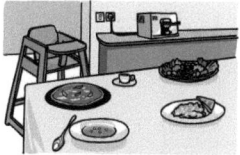

naharhana

la salle à manger

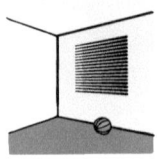

pol

le sol

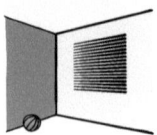

diwar

le mur

potolok

le plafond

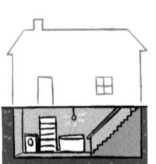

ýerzemin

la cave

hamam

le sauna

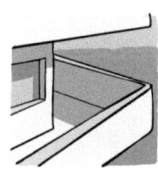

balkon

le balcon

eýwan

la terrasse

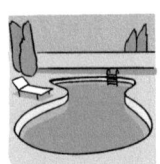

howdan

la piscine

gazon orujy

la tondeuse à gazon

ýorgan daşlygy

la housse

örtgi

la couette

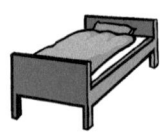

ýatakça

le lit

sübse

le balai

bedre

le sceau

öçüriji

l'interrupteur

myhman otagy
le salon

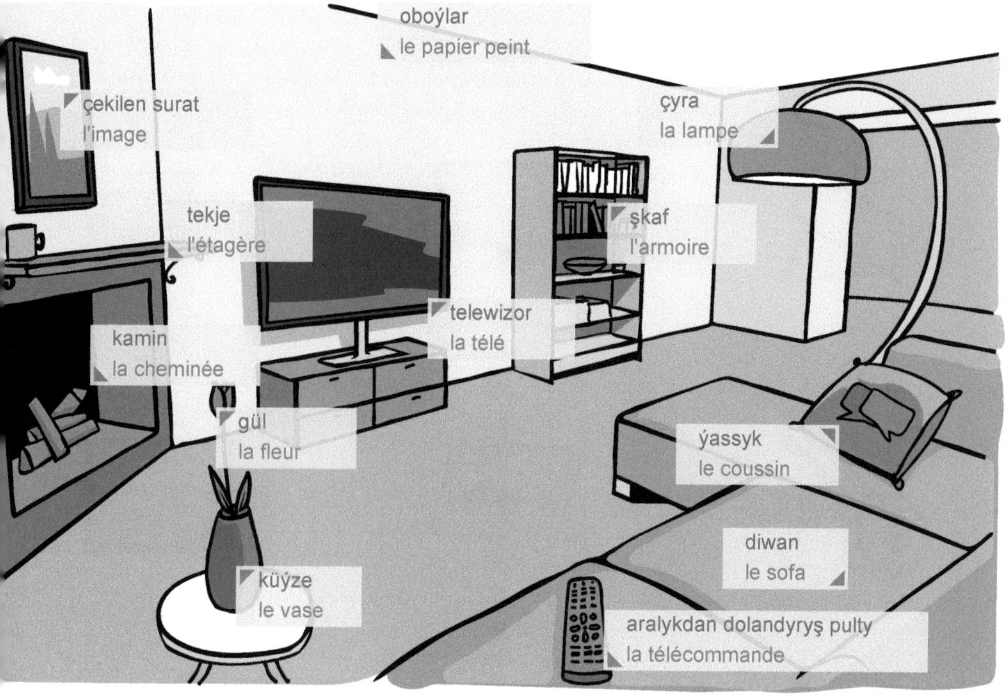
oboýlar
le papier peint
çekilen surat
l'image
çyra
la lampe
tekje
l'étagère
şkaf
l'armoire
telewizor
la télé
kamin
la cheminée
gül
la fleur
ýassyk
le coussin
diwan
le sofa
küýze
le vase
aralykdan dolandyryş pulty
la télécommande

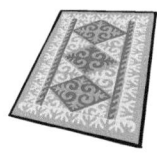

haly
le tapis

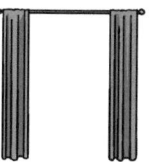

tuty
le rideau

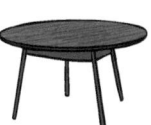

stol
la table

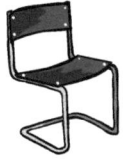

oturgyç
la chaise

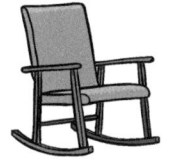

öňe-yza gaýdýan kürsi
la chaise à bascule

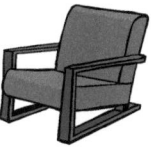

kürsi
le fauteuil

kitap

le livre

örtgi

la couverture

bezeg

la décoration

odun

le bois de chauffage

film

le film

stereo ulgam

la chaîne hi-fi

açar

la clé

gazet

le journal

surat

la peinture

ündewsurat

le poster

radio

la radio

bloknot

le bloc-notes

tozan sorujy

l'aspirateur

kaktus

le cactus

şem

la bougie

aşhana
la cuisine

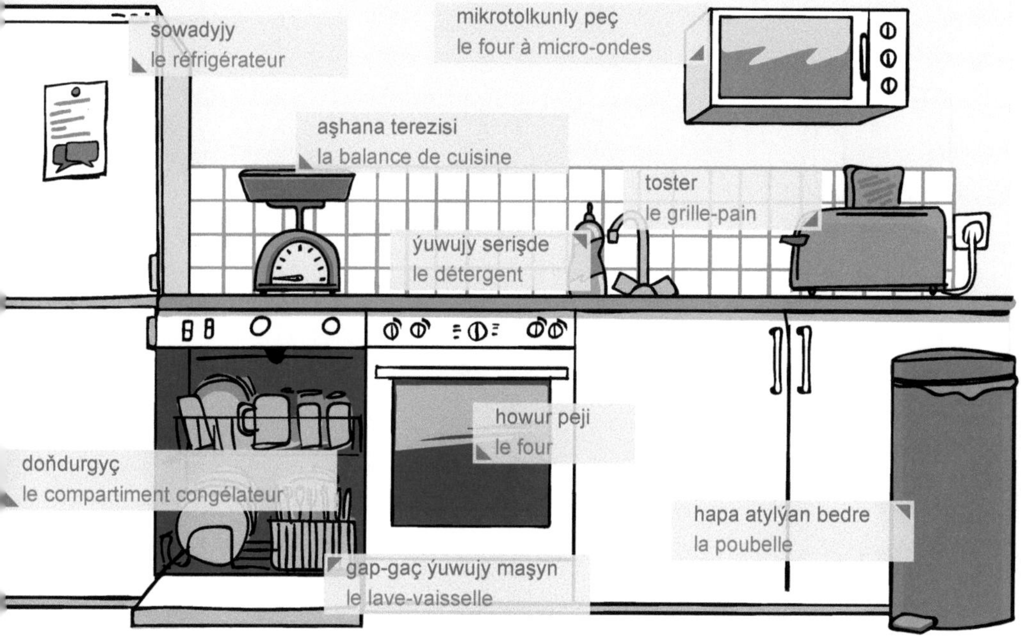

sowadyjy
le réfrigérateur
mikrotolkunly peç
le four à micro-ondes
aşhana terezisi
la balance de cuisine
toster
le grille-pain
ýuwujy serişde
le détergent
howur peji
le four
doňdurgyç
le compartiment congélateur
hapa atylýan bedre
la poubelle
gap-gaç ýuwujy maşyn
le lave-vaisselle

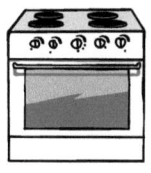

plita
le four

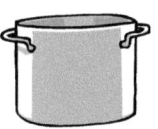

piti
la casserole

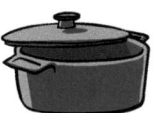

çoýun gazany
la marmite

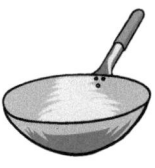

wok / kadaý
le wok / kadai

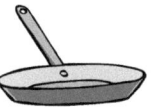

saç
la poêle

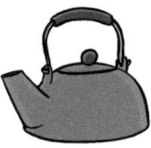

çäýnek, kitir
la bouilloire electrique

bugda bişiriji

le cuiseur vapeur

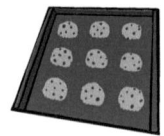

protiwen

la plaque de cuisson

gap-gaç

la vaisselle

kürşge

le gobelet

jam

la coupe

nahar iýilýän taýajyklar

les baguettes

susak

la louche

piljagaz

la spatule

ýaýylýan maşyn

le fouet

elek

la passoire

elek

le tamis

gyrgyç

la râpe

soky

le mortier

gril

le barbecue

ot

la cheminée

tagta

a planche à découper

oklaw

le rouleau à pâtisserie

ştopor

le tire-bouchon

tüneke banka

la boîte

konserwa pyçagy

l'ouvre-boîte

tutguç

les maniques

rakowina

le lavabo

çotga

la brosse

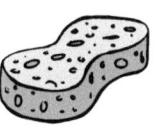

gubka

l'éponge

mikser

le mixeur

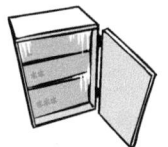

doňdurma kamerasy

le congélateur

çagany iýmitlendirmek üçin
çüýşejik

le biberon

kran

le robinet

wanna otagy
la salle de bain

ýyladyş
le chauffage
süpürgiç
la serviette
köpürjikli wanna
le bain moussant
wanna
la baignoire
kir ýuwulýan maşyn
la machine à laver
küýze
le pot
plitka
le carrelage
duş
la douche
duş üçin tuty
le rideau de douche
bulgur
le verre
kran
le robinet
rakowina
le lavabo

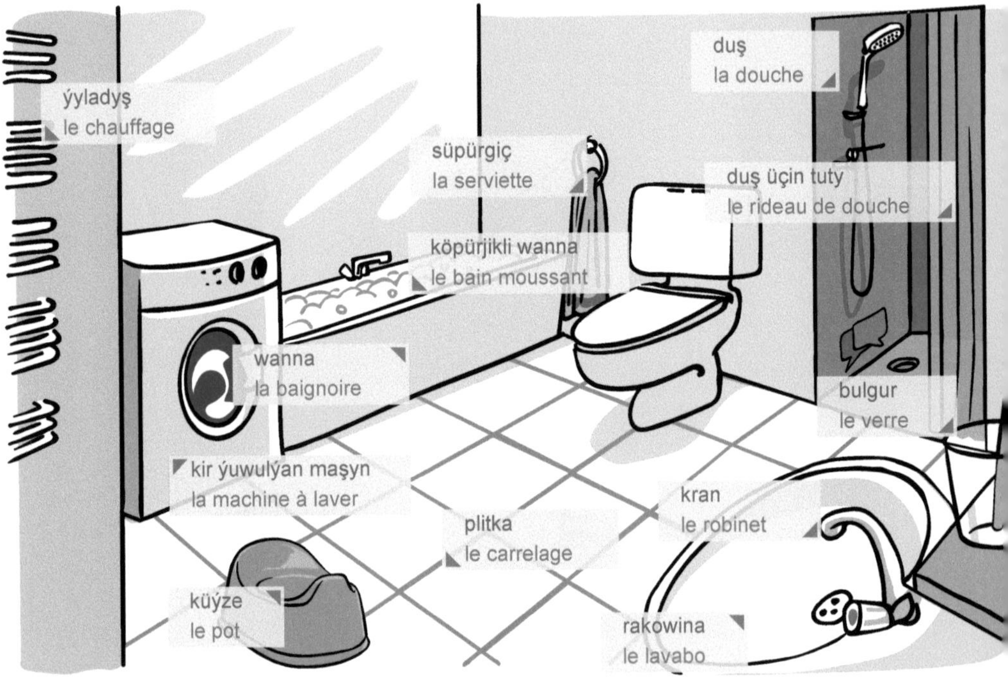

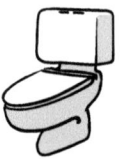

hajathana
les toilettes

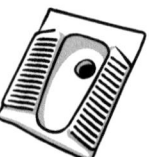

polda oturdylýan unitaz
la toilette à la turque

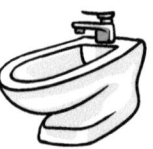

bide
le bidet

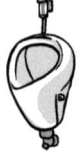

pissuar
l'urinoir

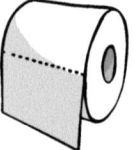

hajathana kagyzy
le papier toilette

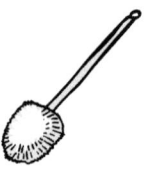

hajathana çotgasy
la brosse à toilette

diş çotgasy

la brosse à dents

diş pastasy

le dentifrice

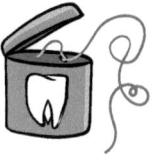

diş sapagy

le fil dentaire

ýuwmak

laver

el duşy

la douche manuelle

şahsy duş

la douche intime

legen

la vasque

arka üçin çotga

la brosse dorsale

sabyn

le savon

duş üçin gel

le gel douche

şampun

le shampooing

moçalka

le gant de toilette

akyş

l'écoulement

krem

la crème

dezodorant

le déodorant

aýna

le miroir

el aýnasy

le miroir cosmétique

päki

le rasoir

sakgal syrmak üçin köpürjik

la mousse à raser

sakgal syrylanyndan soňky
losýon

l'après-rasage

darak

la peigne

çotga

la brosse

fen

le sèche-cheveux

saç üçin lak

la laque pour cheveux

kosmetika

le fond de teint

dodaga çalynýan reňk

le rouge à lèvres

dyrnaga çalynýan reňk

le vernis à ongles

pamyk

l'ouate

manikýur gaýçysy

le coupe-ongles

atyr

le parfum

kosmetika üçin gutujyk

la trousse de toilette

oturgyç

le tabouret

terezi

le pèse-personne

halat

le peignoir

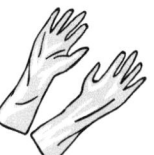

rezin ellik

les gants de nettoyage

tampon

le tampon

gigiýena prokladkasy

s serviettes hygiéniques

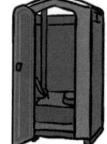

biohajathana

la toilette chimique

çaga otagy
la chambre d'enfant

oýaryjy
le réveil
ýumşak oýnawaç
le doudou
oýnawaç awtoulag
la voiture jouet
şakyrdawukly oýnawaç
le hochet
gurjak öýi
la maison de poupée
sowgat
le cadeau

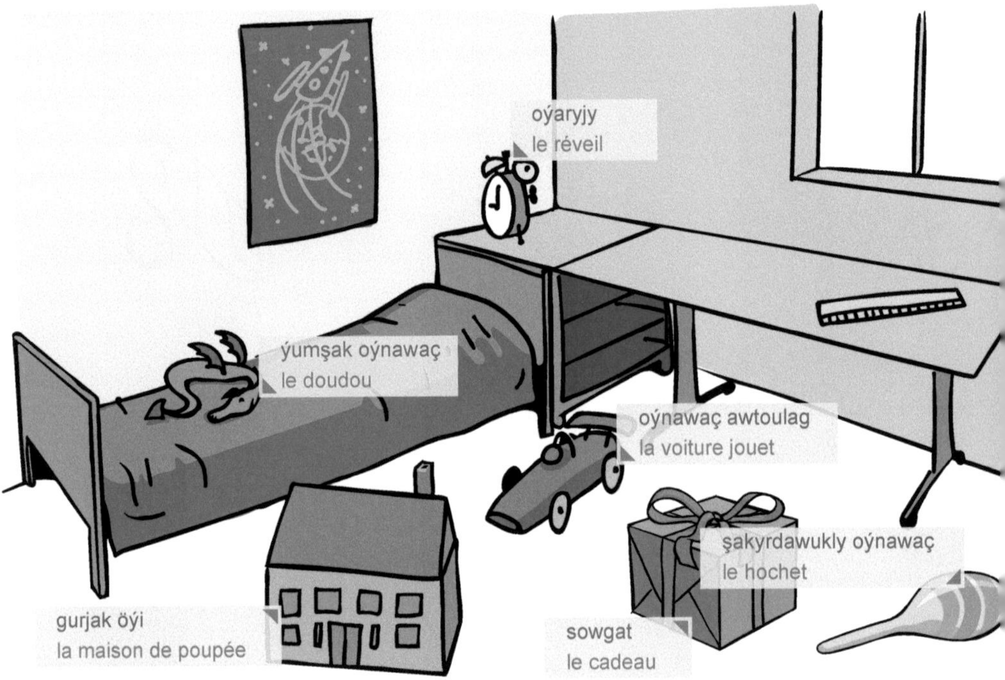

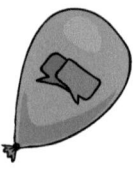

howaly şar

le ballon

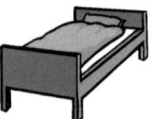

ýatakça

le lit

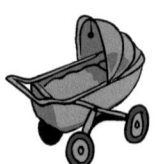

çaga arabasy

la poussette

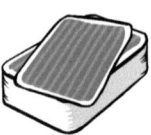

kart oýny

le jeu de cartes

pazl

le puzzle

SUPER MEGA

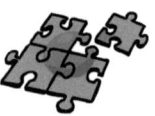

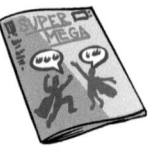

komiks

la bande dessinée

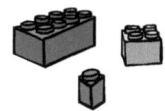

Lego kerpiçleri

les pièces lego

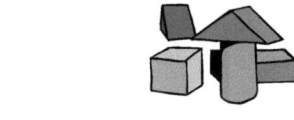

kubikler

les blocs de construction

oýnawaç şekil

la figurine

çagalar üçin joraply balak

la grenouillère

frisbi

le frisbee

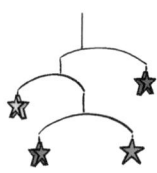

mobile

le mobile

stolüsti oýun

le jeu de société

kubik

le dé

demir ýolunyň modeli

le train miniature

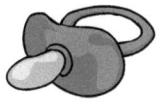

soska

la sucette

şagalaň

la fête

şekilli kitap

le livre d'images

top

la balle

gurjak

la poupée

oýnamak

jouer

çäge aýmança

le bac à sable

hiňňildik

la balançoire

oýnawaç

les jouets

oýun pristawkasy

la console de jeu

üç tigirli welosiped

le tricycle

plýuşadan aýyjyk

l'ours en peluche

egin-eşik üçin şkaf

l'armoire

egin-eşik
les vêtements

jorap

les chaussettes

çulki

les bas

kolgotka

le collant

şarf
l'écharpe

saýawan
le parapluie

futbolka
le t-shirt

kemer
la ceinture

ädik
les bottes

öý şypbygy
les pantoufles

krossowka
les baskets

sandaliýa
les sandales

aýakgap
les chaussures

rezin ädik
les bottes de caoutchouc

türsük
les sous-vêtements

göwüslik
le soutien-gorge

maýka
le maillot de corps

egin-eşik - les vêtements   45

bodi

le body

jalbar

le pantalon

jins

le jean

ýubka

la jupe

bluzka

le chemisier

köýnek

la chemise

switer

le pull

switer

le sweat à capuche

sport keltekçesi

la veste

žaket

la veste

palto

le manteau

plaş

l'imperméable

kostýum

le costume

köýnek

la robe

toý köýnegi

la robe de mariée

erkek üçin kostýum

le costume

ýatyş köýnegi

la chemise de nuit

pižama

le pyjama

sari

le sari

ýaglyk

le foulard

selle

le turban

perenji

la burqa

kaftan

le caftan

abaýa

l'abaya

suwa düşmek üçin lybas

le maillot de bain

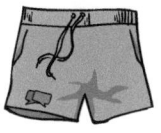

plawki

le maillot de bain

şorty

le short

sport lybasy

la tenue d'entraînement

öňlük

le tablier

ellik

les gants

ilik

le bouton

äýnek

les lunettes

bilezik

le bracelet

zynjyr

le collier

ýüzük

la bague

syrga

la boucle d'oreille

papak

le bonnet

geýim asgyç

le cintre

şlýapa

le chapeau

galstuk

la cravate

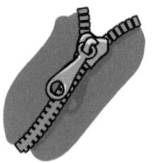

syrma

la fermeture éclair

şlem

le casque

egnaşyr kemer

les bretelles

mekdep lybasy

l'uniforme scolaire

lybas

l'uniforme

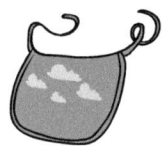

çaga döşlügi

le bavoir

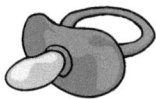

soska

la sucette

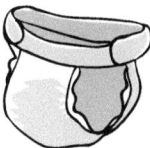

arlyk

la lange

ofis

le bureau

serwer
le serveur
kanselýariýa şkafy
l'armoire d'archivage
printer
l'imprimante
agyz
e papier
monitor
l'écran
syçanjyk
la souris
ýazuw stoly
le bureau
papka
le classeur
klawiatura
le clavier
kagyz üçin sebet
la corbeille à papier
kompýuter
l'ordinateur
oturgyç
la chaise

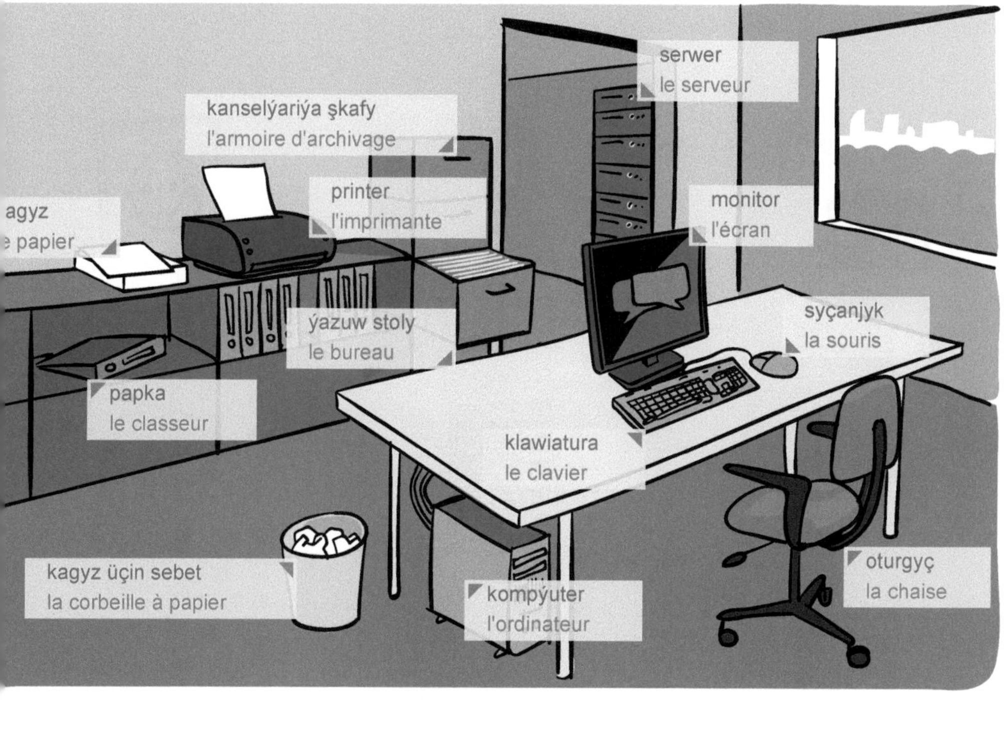

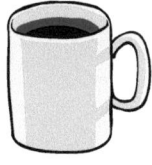

kofe kružkasy

la tasse de café

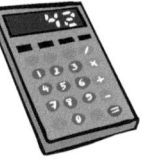

kalkulýator

la calculatrice

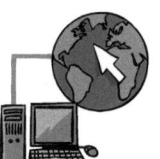

internet

l'internet

noutbuk

l'ordinateur portable

hat

la lettre

habar

le message

öÿjükli telefon

le portable

tor

le réseau

kseroks

la photocopieuse

programma

le logiciel

telefon

le téléphone

rozetka

la prise

faks

le fax

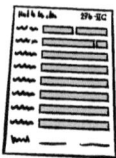

formulÿar

le formulaire

resminama

le document

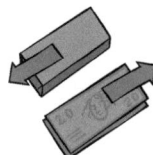

satyn almak
acheter

tölemek
payer

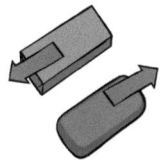

söwda etmek
faire du commerce

pul
la monnaie

dollar
le dollar

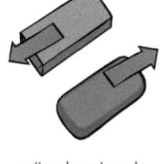

ýewro
l'euro

iena
le yen

rubl
le rouble

frank
le franc suisse

ženminbi ýuan
le renminbi yuan

rupiýa
la roupie

bankomat
le distributeur automatique

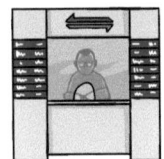

walýuta çalyşmak üçin bent

le bureau de change

altyn

l'or

kümüş

l'argent

nebit

le pétrole

energiýa

l'énergie

baha

le prix

şertnama

le contrat

salgyt

la taxe

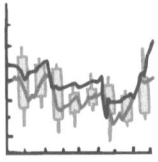

paýnama

l'action

işlemek

travailler

gullukçy

l'employé

iş beriji

l'employeur

fabrik

l'usine

dükan

le magasin

hünärler

les professions

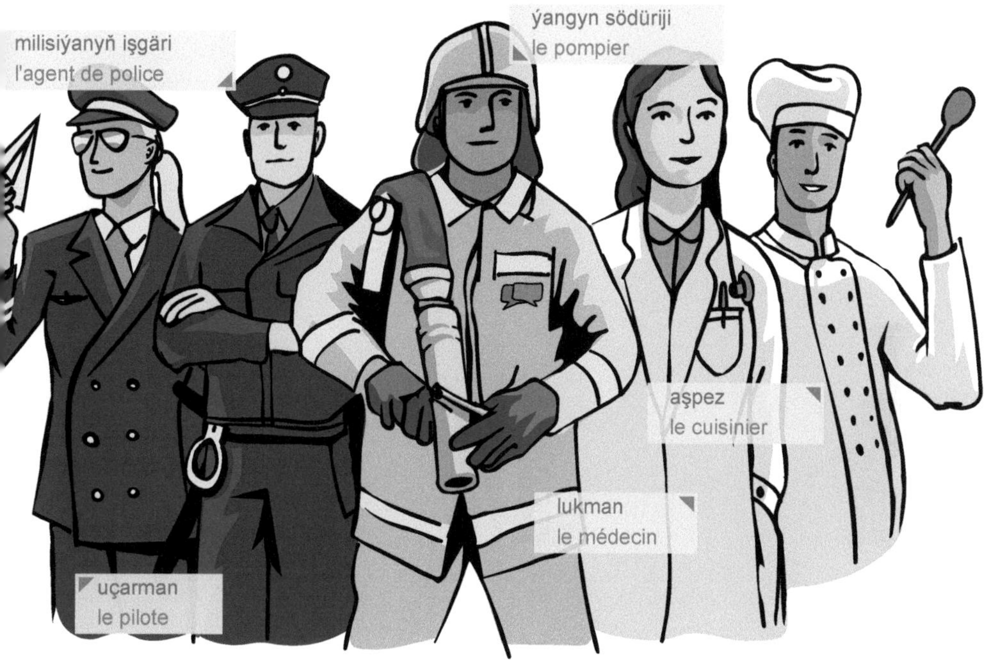
milisiýanyň işgäri
l'agent de police
ýangyn söndüriji
le pompier
aşpez
le cuisinier
lukman
le médecin
uçarman
le pilote

bagban

le jardinier

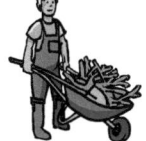

agaç ussasy

le menuisier

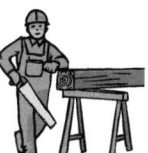

tikinçi

la couturière

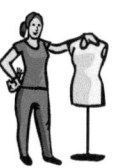

kazy

le juge

himik

le chimiste

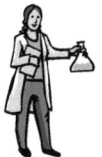

aktýor

l'acteur

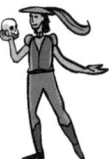

awtobus sürüjisi

le conducteur de bus

taksiçi

le chauffeur de taxi

balykçy

le pêcheur

tam süpüriji

la femme de ménage

üçek basyrýan ussa

le couvreur

ofisiant

le serveur

awçy

le chasseur

suratçy

le peintre

çörekçi

le boulanger

elektrik

l'électricien

gurluşykçy

l'ouvrier

inžener

l'ingénieur

gassap

le boucher

santehnik

le plombier

hatçy

le facteur

esger

le soldat

binagär

l'architecte

pulhanaçy

le caissier

floraçy

le fleuriste

dellekçi

le coiffeur

konduktor

le contrôleur

mehanik

le mécanicien

kapitan

le capitaine

diş lukmany

le dentiste

alym

le scientifique

rawwin

le rabbin

imam

l'imam

monah

le moine

ruhany

le prêtre

gurallar
les outils

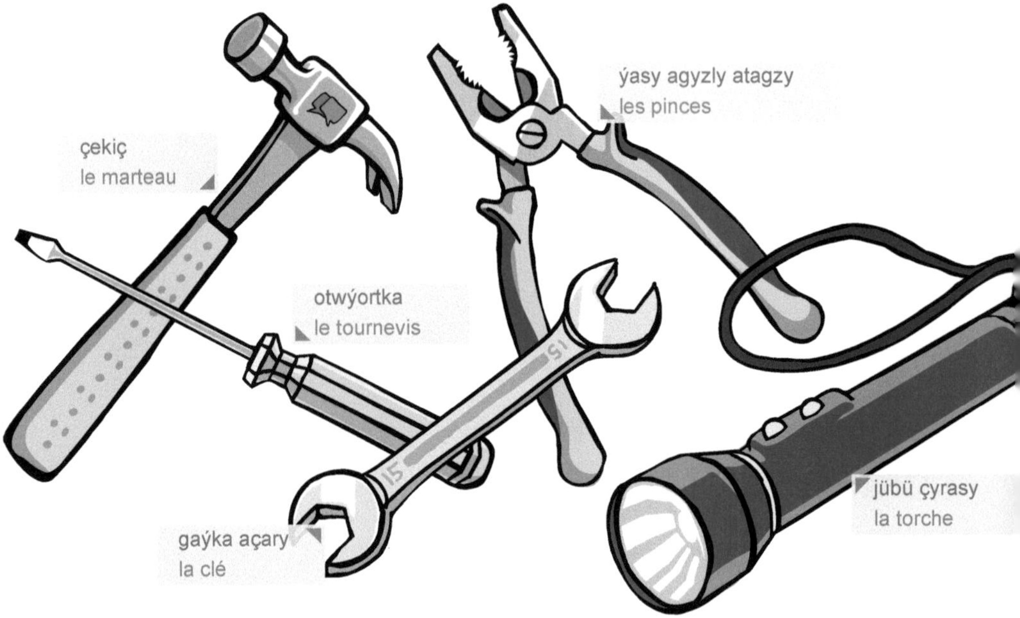

ýasy agyzly atagzy
les pinces
çekiç
le marteau
otwýortka
le tournevis
gaýka açary
la clé
jübü çyrasy
la torche

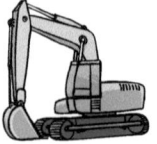

ekskawator

la pelleteuse

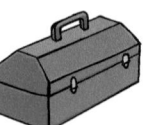

gurallar üçin gap

la boîte à outils

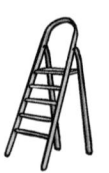

merdiwan

l'échelle

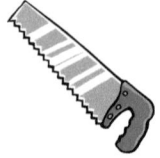

byçgy

la scie

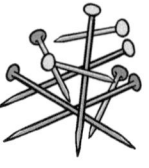

çüýler

les clous

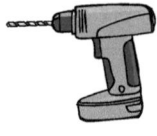

drel

la perceuse

abatlamak

réparer

pil

la pelle

Bolmandyr!

Mince !

susguç

la pelle

boýagly bedre

le pot de peinture

nurbatlar

les vis

saz gurallary
les instruments de musique

kakylyp çalynýan saz guraly
la batterie

batly gürleýji
le haut-parleurs

gitara
la guitare

kontrabas
la contrebasse

turba
la trompette

pianino

le piano

skripka

le violon

bas-gitara

la basse

nagara

les timbales

deprek

le tambour

sintezator

le piano électrique

saksafon

le saxophone

fleýta

la flûte

mikrofon

le microphone

haýwanat bagy
le zoo

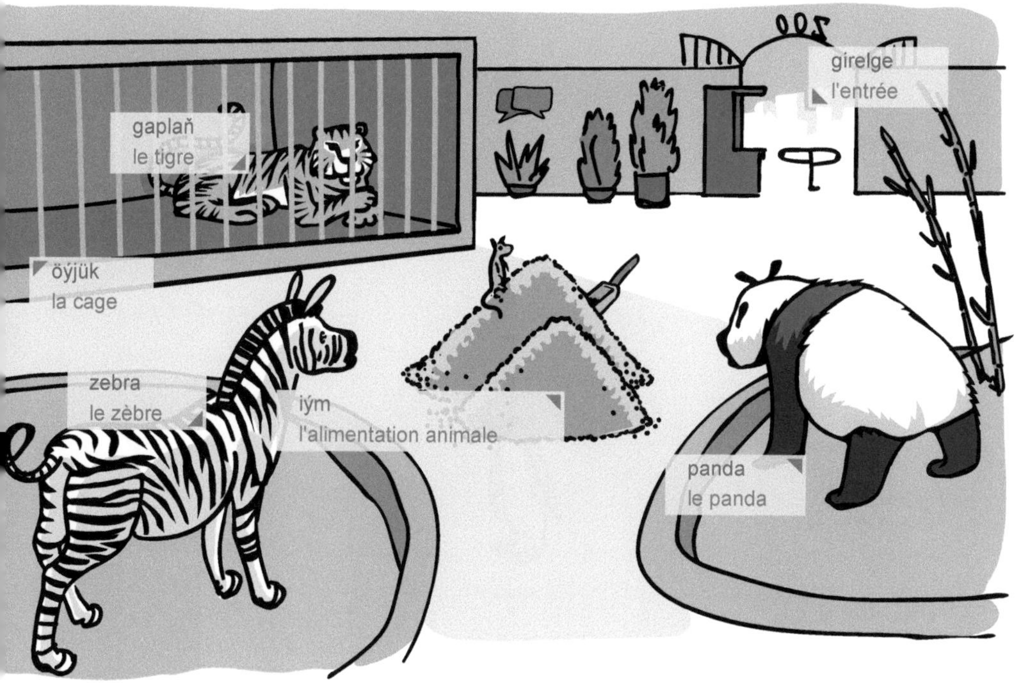

girelge
l'entrée
gaplaň
le tigre
öýjük
la cage
zebra
le zèbre
iým
l'alimentation animale
panda
le panda

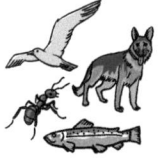

haýwanlar
les animaux

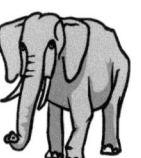

pil
l'éléphant

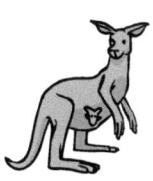

kenguru
le kangourou

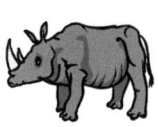

nosorog
le rhinocéros

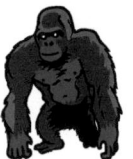

gorilla
le gorille

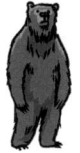

aýy
l'ours

düýe
l'autruche

düýeguş
l'autruche

ýolbars
le lion

maýmyn
le singe

gyzylinjik
le flamand rose

hindiguş
le perroquet

ak aýy
l'ours polaire

pingwin
le pingouin

akula
le requin

tawus
le paon

ýylan
le serpent

krokodil
le crocodile

haýwanat bagynyň
gullukçysy
le gardien de zoo

düwlen
le phoque

ýaguar
le jaguar

poni

le poney

gaplaň

le léopard

begemot

l'hippopotame

žiraf

la girafe

bürgüt

l'aigle

ýekegapan

le sanglier

balyk

le poisson

pyşbaga

la tortue

suwpişik

le morse

tilki

le renard

jeren

la gazelle

amerikan
l'american Football

tigir sürmek
le cyclisme

tennis
le tennis

basketbol
le basket-ball

ýüzme
la natation

boks
la boxe

hokkeý
le hockey sur glace

futbol
le football

badminton
le badminton

ýeňil atletika
l'athlétisme

gandbol
le handball

lyža sporty
le ski

polo
le polo

hereket
les activités

gülmek
rire
bökmek
sauter
gujaklamak
embrasser
gitmek
marcher
aýdym aýtmak
chanter
arzuw etmek
rêver
dilemek
prier
öpmek
faire la bise

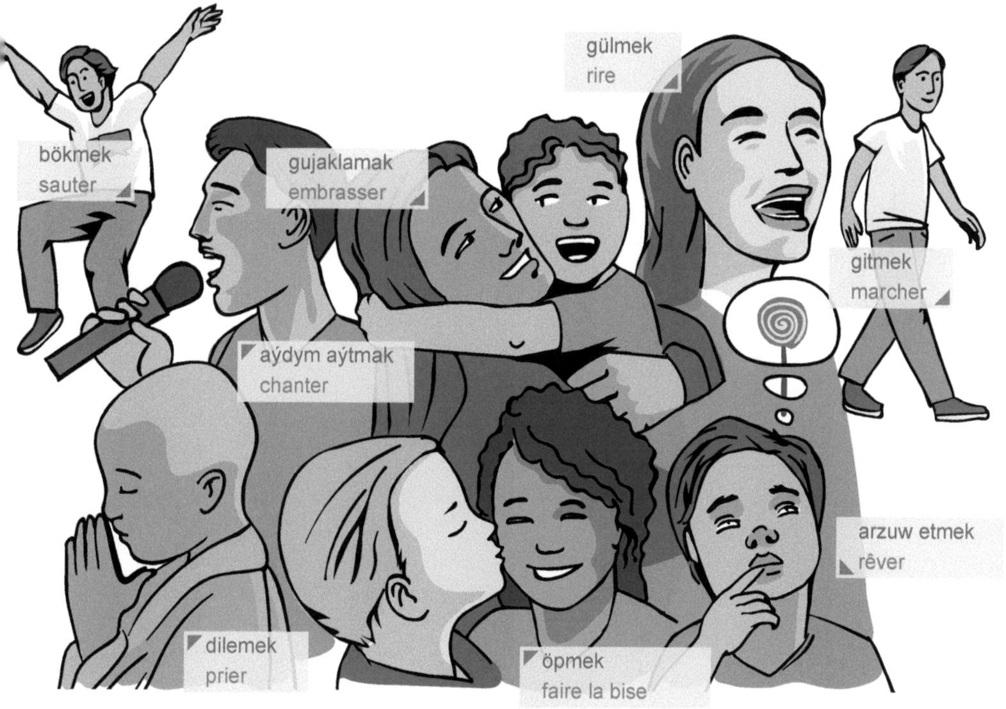

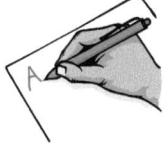

ýazmak
écrire

surat çekmek
dessiner

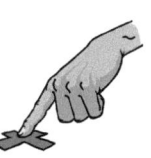

görkezmek
montrer

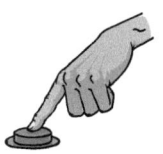

basmak
pousser

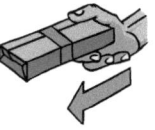

bermek
donner

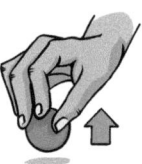

almak
prendre

eýe bolmak

avoir

etmek

faire

bolmak

être

durmak

être debout

ylgamak

courir

çekmek

trier

taşlamak

jeter

gaçmak

tomber

ýatmak

être couché

garaşmak

attendre

götermek

porter

oturmak

être assis

geýmek

s'habiller

ýatmak

dormir

oýanmak

se réveiller

görmek

regarder

aglamak

pleurer

sypalamak

caresser

daramak

peigner

gürlemek

parler

düşünmek

comprendre

soramak

demander

diňlemek

écouter

içmek

boire

iýmek

manger

tertipleşdirmek

ranger

söýmek

aimer

taýýarlmak

cuire

gitmek

conduire

uçmak

voler

ýelkeni ýaýyp gitmek

faire de la voile

hasaplamak

calculer

okamak

lire

okamak

apprendre

işlemek

travailler

nikalaşmak

se marier

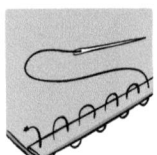

dikmek

coudre

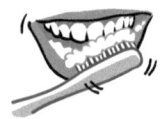

dişiňi arassalamak

brosser les dents

öldürmek

tuer

çilim çekmek

fumer

ugratmak

envoyer

maşgala
la famille

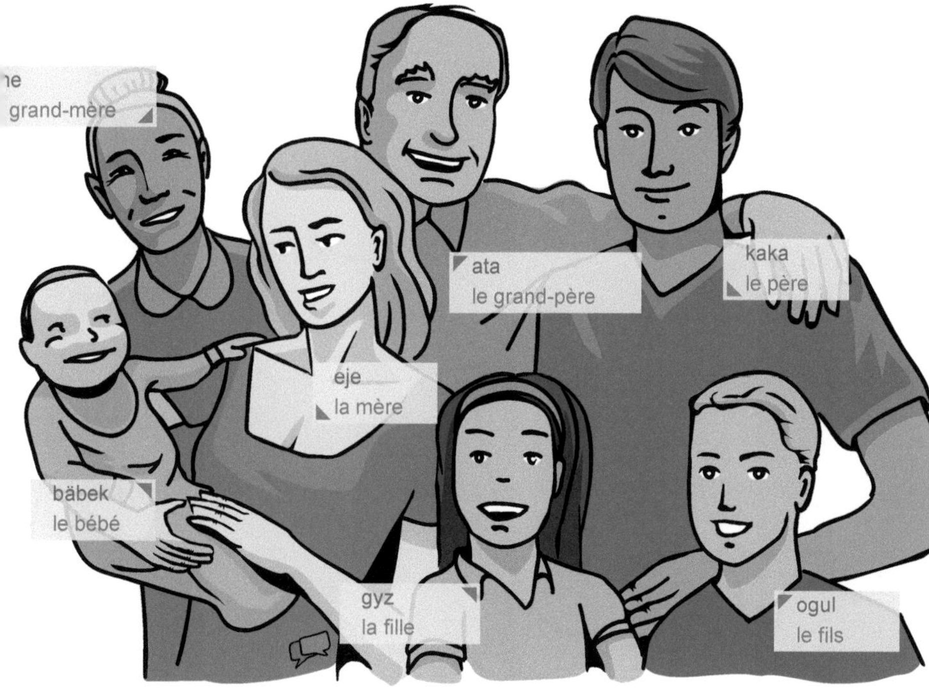

ne
grand-mère
ata
le grand-père
kaka
le père
eje
la mère
bäbek
le bébé
gyz
la fille
ogul
le fils

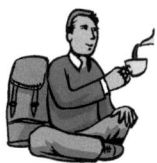

myhman
l'hôte

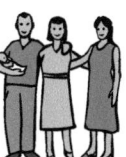

daýza
la tante

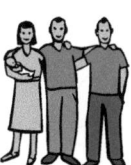

daýy
l'oncle

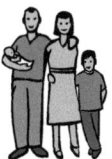

aga
le frère

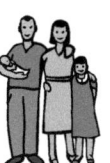

uýa
la sœur

ten
le corps

mańlaý
le front
göz
l'œil
egin
l'épaule
barmak
le doigt
ýüz
le visage
äň
le menton
penje
la main
aýak
la jambe
döş
la poitrine
el
le bras

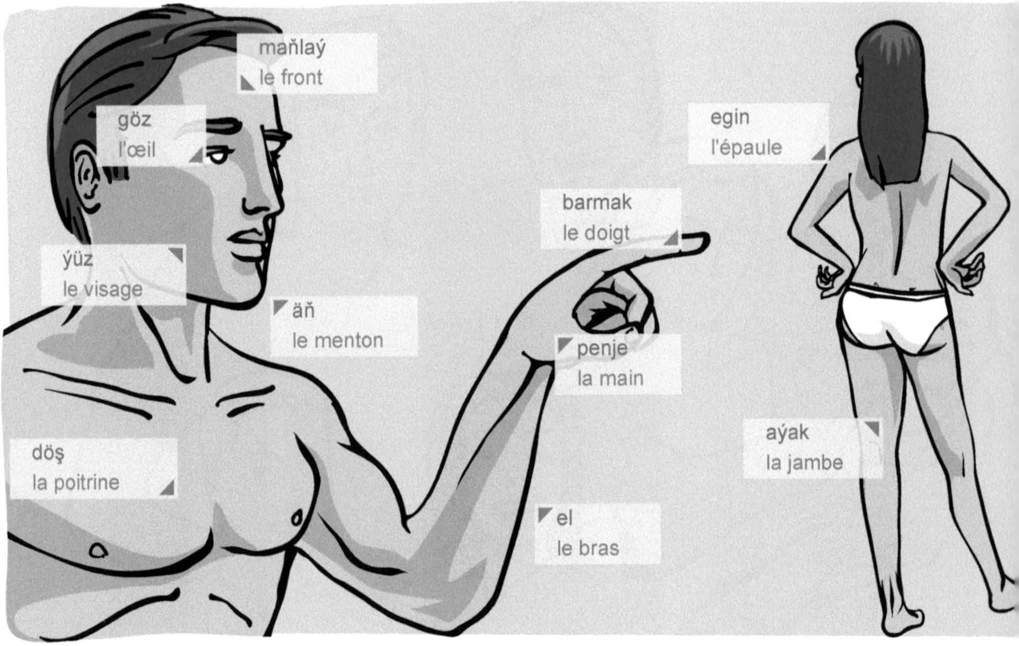

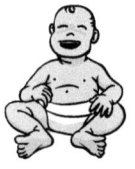

bäbek

le bébé

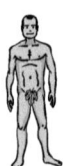

erkek

l'homme

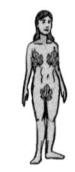

aýal

la femme

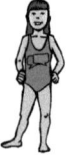

gyz

la fille

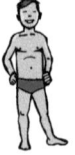

oglan

le garçon

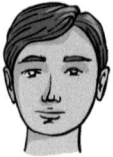

kelle

la tête

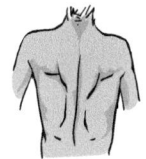

arka

le dos

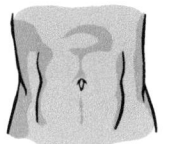

garyn

le ventre

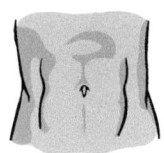

göbek

le nombril

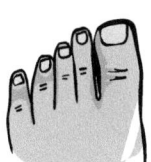

aýak barmagy

l'orteil

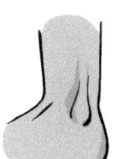

ökje

le talon

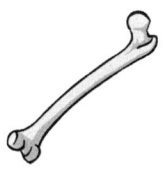

süňk

l'os

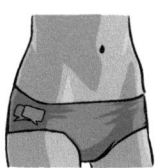

but

la hanche

dyz

le genou

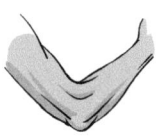

tirsek

le coude

burun

le nez

ýanbaş

les fesses

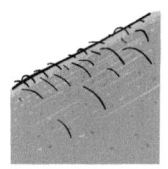

deri

la peau

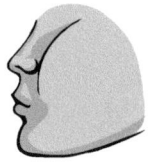

ýaňak

la joue

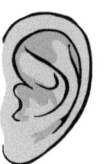

gulak

l'oreille

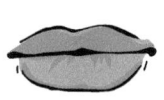

dodak

la lèvre

agyz

la bouche

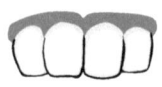

diş

la dent

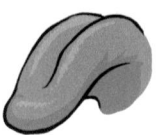

dil

la langue

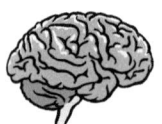

beýni

le cerveau

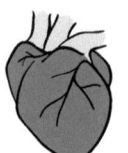

ýürek

le cœur

myşsa

le muscle

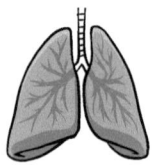

öýken

les poumons

bagyr

le foie

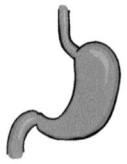

aşgazan

l'estomac

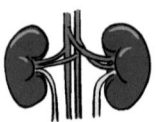

böwrek

les reins

jyns ýakynlygy

le rapport sexuel

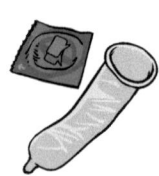

prezerwatiw

le préservatif

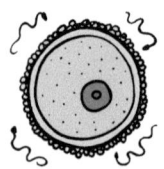

erkeklik jyns öýjügi

l'ovule

tohumlyk

le sperme

göwrelilik

la grossesse

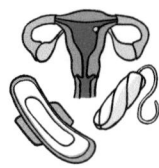

bil açylma

la menstruation

wagina

le vagin

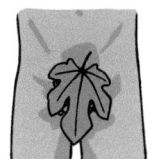

erkek jyns agzasy

le pénis

gaş

le sourcil

saç

les cheveux

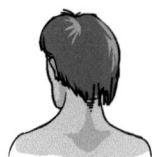

boýun

le cou

hassahana
l'hôpital

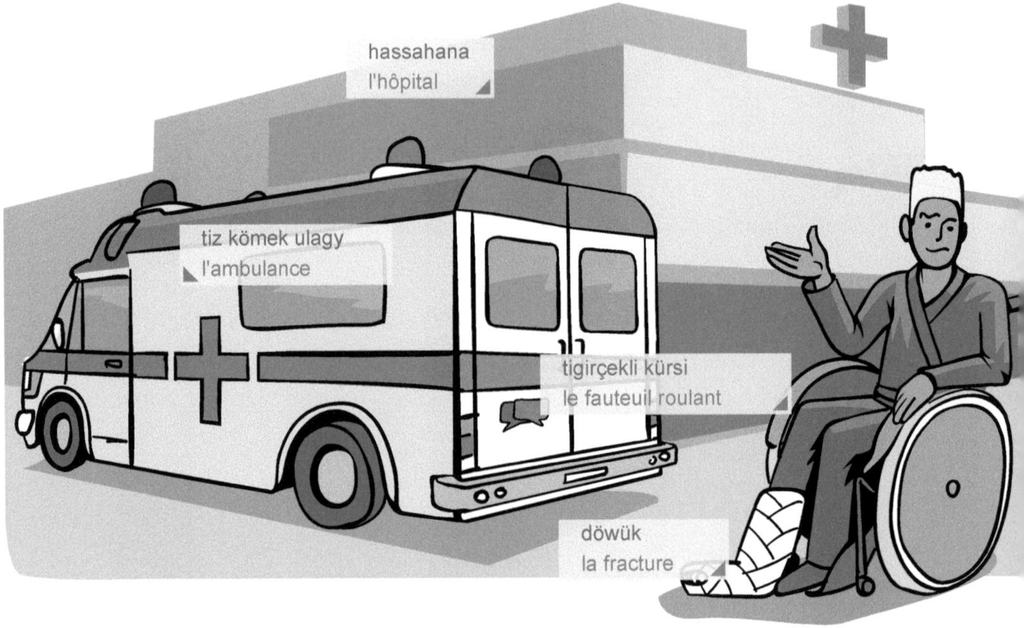

hassahana
l'hôpital
tiz kömek ulagy
l'ambulance
tigirçekli kürsi
le fauteuil roulant
döwük
la fracture

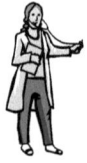

lukman
le médecin

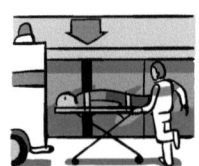

ilkinji kömek nokady
le service des urgences

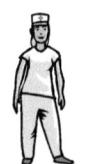

şepagat uýasy
l'infirmière

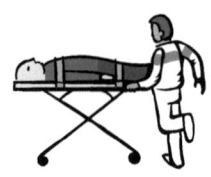

gaýragoýulmasyz ýagdaý
l'urgence

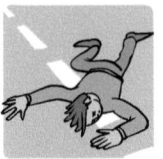

özüni bilmän
inconscient

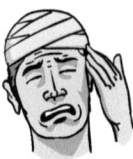

agyry
la douleur

zeper ýetme

la blessure

gan akmasy

l'hémorragie

infarkt

la crise cardiaque

insult

l'attaque cérébrale

allergiýa

l'allergie

üsgülik

la toux

ɔkarlanan temperatura

la fièvre

dümew

la grippe

içgeçme

la diarrhée

kelle agyrysy

le mal de tête

rak

le cancer

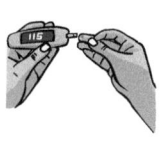

diabet

le diabète

hirurg

le chirurgien

skalpel

le scalpel

operasiýa

l'opération

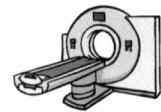

iÿmit siňdirÿän ortlaryň jemi

le CT

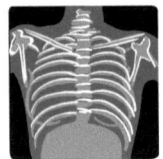

rentgen

la radiographie

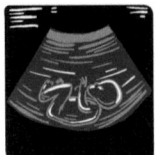

ultrases

l'échographie

maska

le masque

kesel

la maladie

kabulhana

la salle d'attente

pişek

la béquille

plastyr

le pansement

bint

le pansement

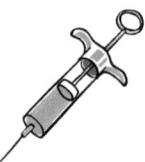

sanjym

l'injection

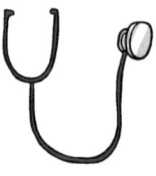

stetoskop

le stéthoscope

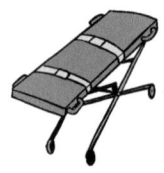

zemmer

le brancard

termometr

le thermomètre

dogluş

l'accouchement

artykmaç agram

la surcharge pondérale

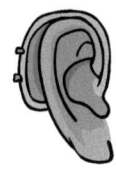

eşidiş abzaly

l'appareil auditif

zyýansyzlandyryjy serişde

le désinfectant

yokanç

l'infection

wirus

le virus

WIÇ/ AIDS

le VIH / le sida

derman

le médicament

öňüni alyş sanjymy

la vaccination

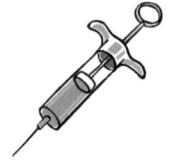

gerdejikler

les comprimés

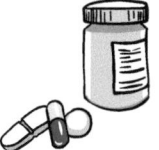

göwreli bolmakdan goraýan gerdejik

la pilule

aýragoýulmasyz çagyryş

l'appel d'urgence

gan basyşyny ölçeýji abzal

le tensiomètre

näsag / sagdyn

malade / sain

Kömek ediň!

Au secours !

howsala signaly

l'alarme

çozuş

l'assaut

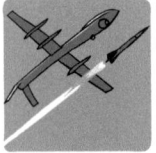

hüjüm

l'attaque

howp

le danger

ätiýaçlyk çykalgasy

la sortie de secours

Ýangyn!

Au feu!

ot söndürijisi

l'extincteur

betbagtçylykly ýagdaý

l'accident

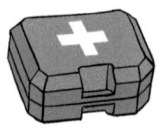

derman gutujygy

la trousse de premier
secours

SOS

SOS

milisiýa

la police

Ýewropa

l'Europe

Demirgazyk Amerika

l'Amérique du Nord

Günorta Amerika

l'Amérique du Sud

Afrika

l'Afrique

Aziýa

l'Asie

Awstraliýa

l'Australie

Atlantika ummany

l'Océan atlantique

Ýuwaş umman

l'Océan pacifique

Hindi ummany

l'Océan indien

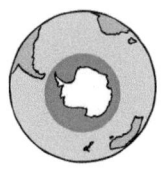

Antarktika ummany

l'Océan antarctique

Demirgazyk Buzly umman

l'Océan arctique

Demirgazyk polýusy

le Pôle nord

Günorta polýusy

le Pôle sud

Antarktida

l'Antarctique

zemin

la terre

gury ýer

le pays

deñiz

la mer

ada

l'île

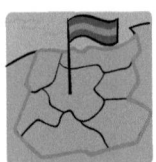

millet

la nation

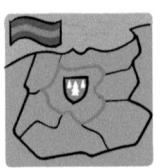

döwlet

l'état

siferblat

le cadran

sagadyň dili

l'aiguille des heures

minut görkezýän dil

l'aiguille des minutes

sekundy görkezýän dil

l'aiguille des secondes

sagat näçe?

Quelle heure est-il ?

gün

le jour

wagt

le temps

häzir

maintenant

elektron sagady

la montre digitale

minut

la minute

sagat

l'heure

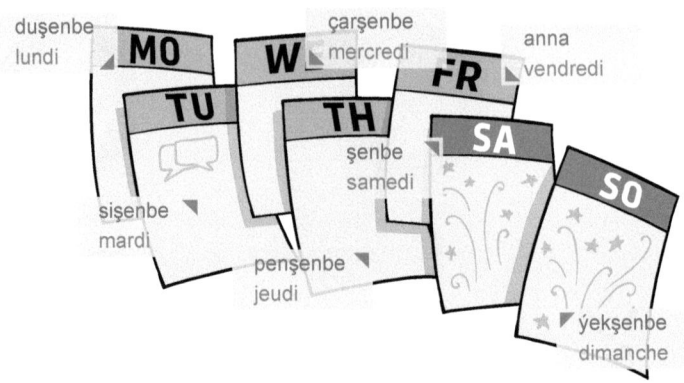

duşenbe
lundi — MO

çarşenbe
mercredi — WE

anna
vendredi — FR

TU

TH

SA

şenbe
samedi

sişenbe
mardi

SO

penşenbe
jeudi

ýekşenbe
dimanche

düýn
....
hier

şu gün
....
aujourd'hui

ertir
....
demain

säher
....
le matin

günortan
....
le midi

agşamlyk
....
le soir

iş günler
....
les jours ouvrables

dynç günler
....
le week-end

ýyl
l'année

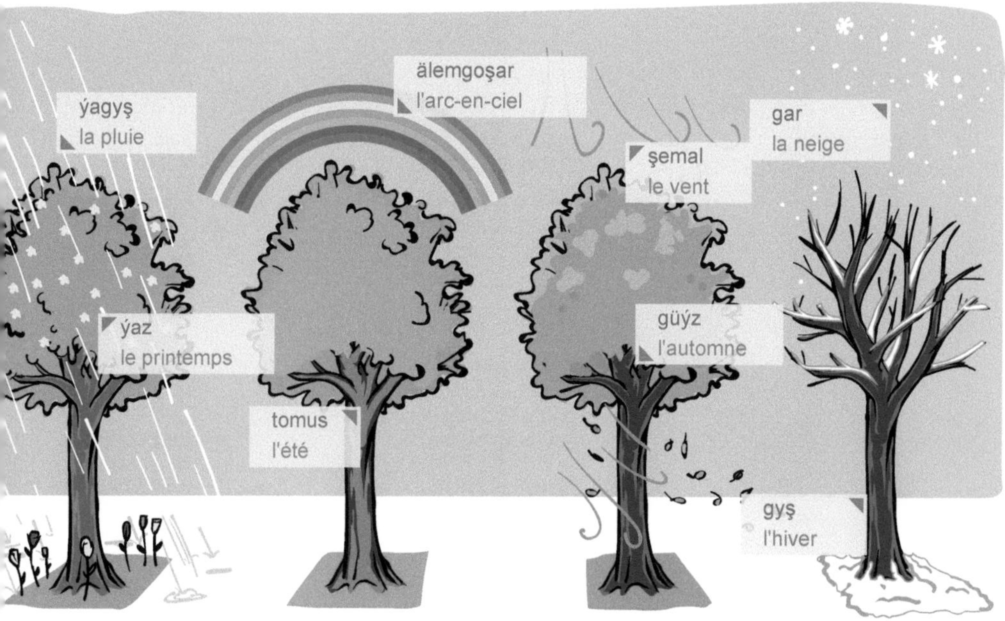

ýagyş
la pluie
älemgoşar
l'arc-en-ciel
gar
la neige
şemal
le vent
ýaz
le printemps
güýz
l'automne
tomus
l'été
gyş
l'hiver

4.APRIL 11°
5.APRIL 4°
6.APRIL 13°
7.APRIL 8°
8.APRIL 10°

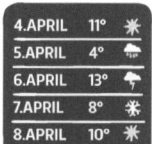

howa maglumaty

la météo

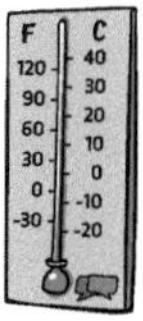

F C
120 40
90 30
60 20
30 10
0 0
-30 -10
-20

termometr

le thermomètre

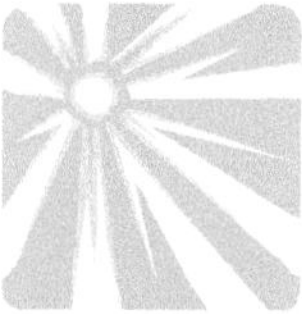

gün ýagtylygy

la lumière du soleil

gara bulut

le nuage

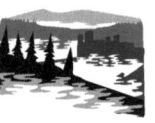

ümür

le brouillard

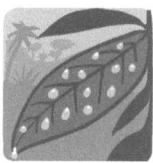

howanyň çyglylygy

l'humidité

ýyldyrym

la foudre

gök gümmürdisi

la tonnerre

tupan

la tempête

doly

la grêle

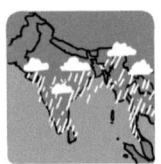

musson

la mousson

suw alma

l'inondation

buz

la glace

ýanwar

janvier

fewral

février

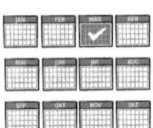

mart

mars

aprel

avril

maý

mai

iýun

juin

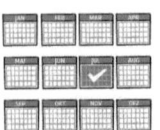

iýul

juillet

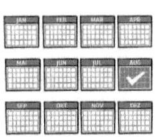

awgust

août

ýyl - l'année

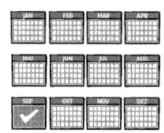

sentýabr

septembre

oktýabr

octobre

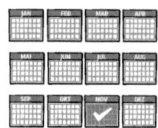

noýabr

novembre

dekabr

décembre

tegelek

le cercle

kwadrat

le carré

göniburçluk

le rectangle

üçburçluk

le triangle

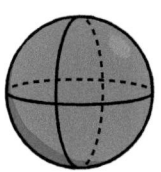

şar

la sphère

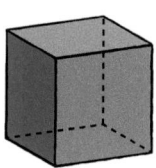

kub

le cube

ak
blanc

sary
jaune

mämişi
orange

gülgüne
rose

gyzyl
rouge

liliýa reňkli
violet

gök
bleu

ýaşyl
vert

goňur
marron

çal
gris

gara
noir

köp / az
....
beaucoup / peu

gazaply / asuda
....
fâché / calme

owadan / betnyşan
....
joli / laid

başy / soňy
....
le début / la fin

uly / kiçi
....
grand / petit

açyk / garaňky
....
clair / obscure

lan dogan / gyz dogan
....
frère / soeur

arassa / hapa
....
propre / sale

doly / doly däl
....
complet / incomplet

gündiz / gije
....
le jour / la nuit

jansyz / diri
....
mort / vivant

giň / dar
....
large / étroit

iýilýän / iýilmeýän

comestible / incomestible

gaharly / dostlukly

méchant / gentil

tolgunly / tukat

excité / ennuyé

çişik / hor

gros / mince

başda / soňunda

le premier / le dernier

dost / duşman

l'ami / l'ennemi

doly / boş

plein / vide

berk / ýumşak

dur / souple

agyr / ýeňil

lourd / léger

açlyk / teşnelik

faim / soif

näsag / sagdyn

malade / sain

bikanun / kanuny

illégal / légal

akyly / akmak

intelligent / stupide

çepde / sagda

gauche / droite

ýakyn / daş

proche / loin

täze / ulanylan

nouveau / usé

hiç zat / bir zat

rien / quelque chose

garry / ýaş

vieux / jeune

ýakylan / söndürilen

marche / arrêt

açyk / ýapyk

ouvert / fermé

ýuwaş / gaty

faible / fort

baý / garyp

riche / pauvre

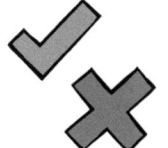

dogry / nädogry

correct / incorrect

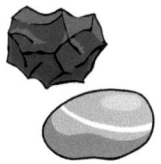

büdür-südür / tekiz

rugueux / lisse

gamgyly / şatlykly

triste / heureux

gysga / uzyn

court / long

haýal / tiz

lent / rapide

öl / gury

mouillé / sec

ýyly / sowuk

chaud / froid

uruş / parahatçylyk

la guerre / la paix

0

nul

zéro

1

bir

un / une

2

iki

deux

3

üç

trois

4

dört

quatre

5

bäş

cinq

6

alty

six

7

ýedi

sept

8

sekiz

huit

9

dokuz

neuf

10

on

dix

11

on bir

onze

12
on iki
douze

13
on üç
treize

14
on dört
quatorze

15
on bäş
quinze

16
on alty
seize

17
on ýedi
dix-sept

18
on sekiz
dix-huit

19
on dokuz
dix-neuf

20
ýigrimi
vingt

100
ýüz
cent

1.000
müň
mille

1.000.000
million
le million

iňlis

l'anglais

amerikan iňlis

l'anglais américain

mandarin hytaý

le chinois mandarin

hindi

le hindi

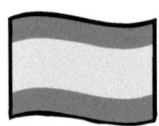

ispan

l'espagnol

fransuz

le français

arap

l'arabe

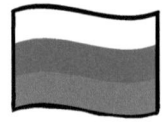

rus

le russe

portugal

le portugais

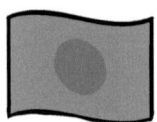

bengal

le bengali

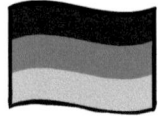

nemes

l'allemand

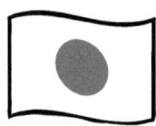

ýapon

le japonais

men
je

sen
tu

ol (oglan) / ol (gyz) / ol
(jansyz zat)
il / elle / ce, c', cela

biz
nous

siz
vous

olar
ils / elles

kim?
Qui ?

näme?
Quoi ?

nähili?
Comment ?

nirede?
Où ?

haçan?
Quand ?

ady
le nom

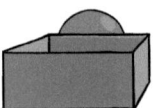

yzynda

derrière

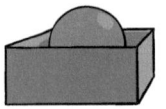

içinde

dans

öňünde

devant

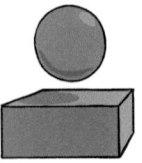

bir zadyň üsti

au-dessus

üstünde

sur

aşagynda

en-dessous

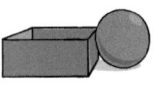

ýanynda

à côté de

arasynda

entre

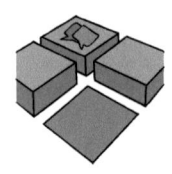

ýer

le lieu